MW01699253

Traduit de l'anglais par Élise Bureau

© 1996, Belitha Press Limited, London.
© 1997, Bilboquet/Valbert, Paris, pour l'édition française.
Dépôt légal Bibliothèque Nationale septembre 1997.
ISBN : 2-84181-062-3
Imprimé en Hong Kong

Je vois la nuit
QUI SUIS-JE ?

Texte de Moira Butterfield
Illustré par Wayne Ford

bilboquet

J’ai des plumes et de longues serres.
Mon bec est crochu.
Je chasse la nuit.
Pour me faire entendre,
je hulule !

Qui suis-je ?

Regarde mon œil

Mes yeux sont ronds et noirs.
Je vois très bien dans le noir.
Je chasse la nuit,
et je dors toute la journée.

Je me perche sur une branche,
dans l'ombre.
Je guette les petits rongeurs.
Je m'envole en silence,
et je les attrape
par surprise.

Regarde ma tête

Mes oreilles sont cachées
sous mes plumes.
Mais j'entends très bien.
Je perçois même
les tout petits bruits.

Écoute, il y a un léger
craquement dans l'herbe.
Qui se promène
sous mon perchoir ?

Regarde mon aile

Mes ailes sont longues.
Quand je repère une proie,
je les déploie, et je m'envole.
Je me laisse porter
par le vent.
Je peux planer longtemps
sans faire le moindre bruit.

La souris ne m'entend
pas arriver.
Je fonds en piqué,
et je l'attrape.
Puis, je l'emporte
dans mon nid.

Regarde mes serres

J'ai quatre longues serres
à chaque patte.
Elles sont puissantes
et me permettent
d'emmener mes proies
dans les airs.

Quand je suis perchée,
j'agrippe mes serres
autour de la branche.
Je peux rester postée
longtemps, sans bouger.

Regarde mes plumes

J'ai de longues plumes
tachetées sur le dos
et sur les ailes.
Mais sur le ventre,
mes plumes sont
petites et blanches,
c'est du duvet.

J'aime barboter
dans les flaques d'eau.
Après le bain,
je me perche.
Je laisse le vent
sécher mes plumes.

Regarde mon bec

Je me sers de mon bec
et de mes pattes
pour déchiqueter
mes proies.
Je ne mange que
de la viande :
je suis carnivore.

J'avale aussi les poils
et les petits os.
Mais je les recrache,
en petites boules.
On appelle cela
des pelotes.

Voici ma maison

J'aime m'installer dans le trou d'un vieil arbre.
Mais aussi à l'intérieur des granges
et des maisons.
Pour que les autres oiseaux
ne s'approchent pas de mon nid, je crie.

C'est un hululement.

As-tu deviné qui je suis ?

Je suis une chouette

Je suis un rapace nocturne.

Montre du doigt
mes longues serres,

mes yeux ronds,
mon bec crochu,
mes ailes,
mes plumes tachetées,
mon duvet.

On m'appelle
chouette effraie.

Voici mes petits

Ce sont des poussins.
Ils ne savent pas voler.
Alors, je chasse
pour les nourrir,
et je leur donne
la becquée.

Ils grandissent vite.
Bientôt, ils sauront voler.
L'année prochaine,
j'aurai d'autres petits.

Voici mon territoire de chasse

Essaie de trouver la souris,
les grenouilles, les lapins, la chauve-souris.

Voici une carte du monde

J'habite
dans différents pays.

Et toi, où habites-tu ?

Les endroits où je vis sont coloriés avec cette couleur.

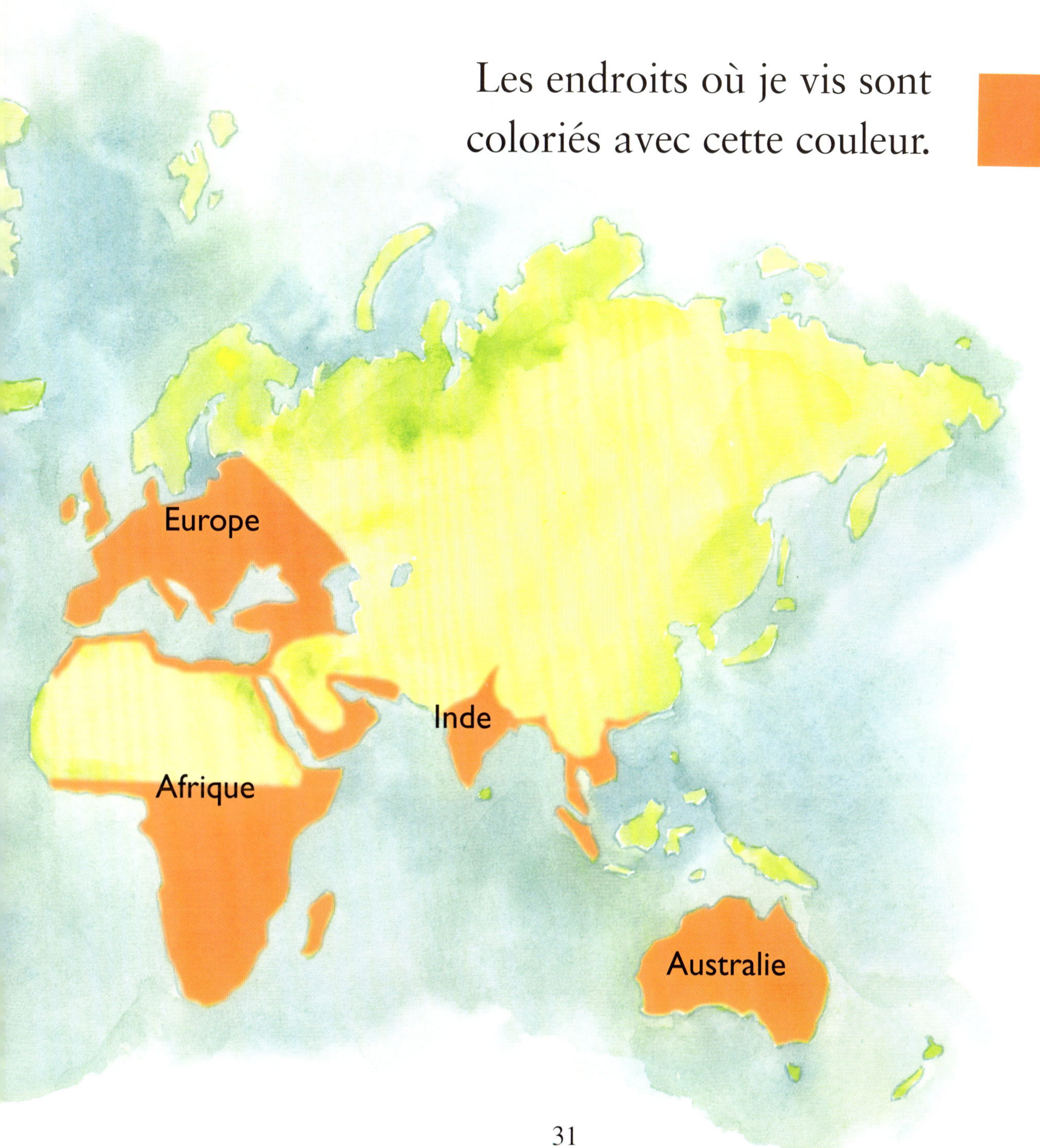

Essaie de répondre à ces questions

Comment appelle-t-on mes griffes ?

Quelle est ma nourriture ?

À quel moment je chasse ?

Comment sont mes plumes ?

Est-ce que je vois la nuit ?

Où est mon nid ?

Dans quelle position
je dors ?

Comment s'appellent
mes petits ?

Quelques mots de vocabulaire

Territoire : la zone que je choisis pour chasser.

Hululement : mon cri.

Serres : les longues griffes pointues de mes pattes.

Duvet : les petites plumes blanches très fines qui recouvrent mon ventre.

Rapace : oiseau carnivore.

Proies : les petits rongeurs que j'attrape pour me nourrir.

Pelotes : les petites boules que je recrache, constituées des poils et des os que je ne peux pas digérer.